활에게 길을 묻다

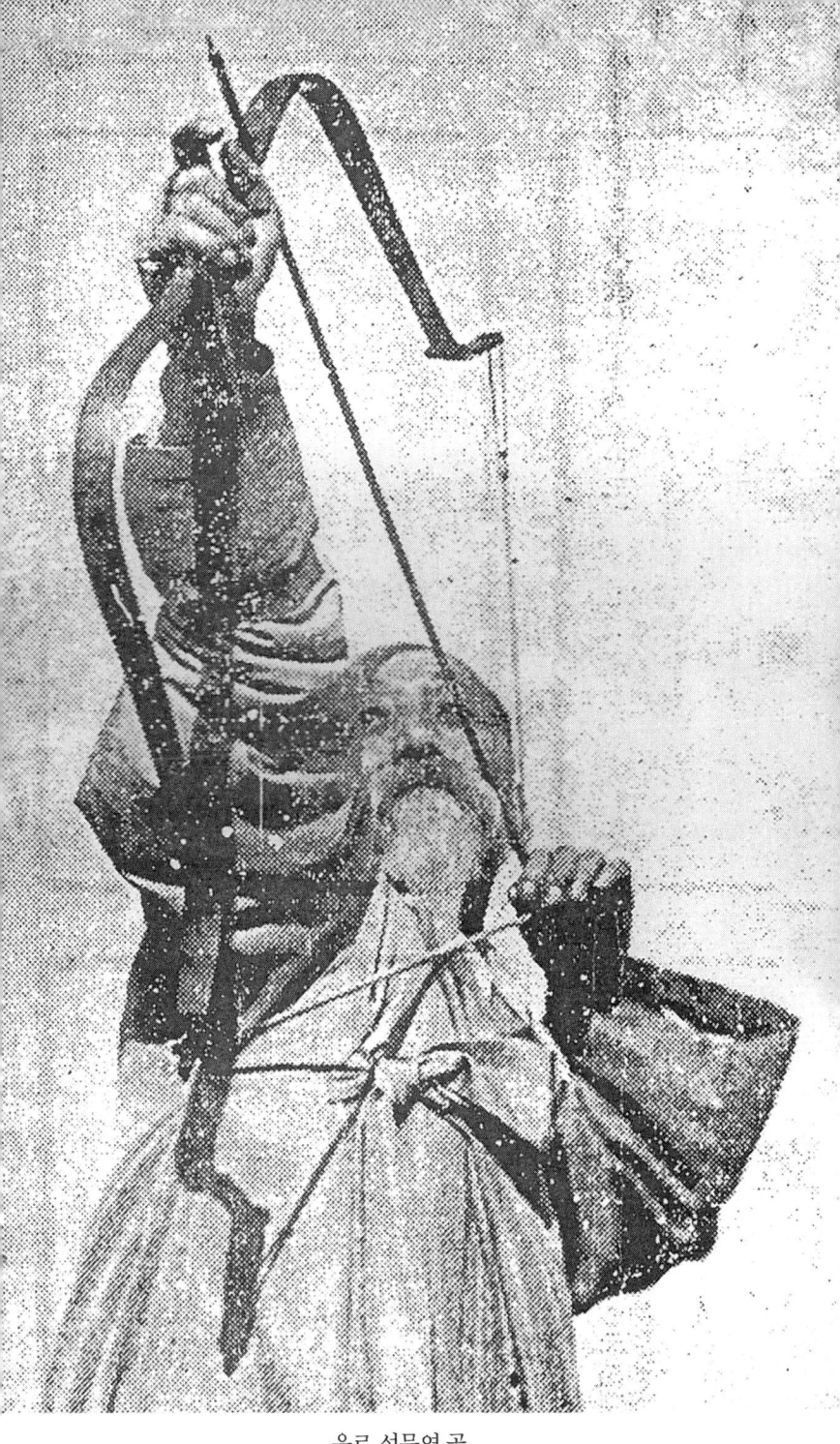

운로 성문영공

활에게 길을 묻다

정진명 시집

고두미

□ 서문

내가 황학정에서 아버지의 활로 집궁한 것은 1941년의 일이다. 그리고는 60년이 흘러 2001년에는 집궁회갑을 맞이하게 되었다. 이것은 1944년에 집궁회갑을 하신 나의 선친에 이어 2대째 맞은 집궁회갑으로 우리 집안은 물론 국궁계 전체에도 기억할 만한 일일 것이다. 이 특별한 날을 잊지 않고 기려준 것은 청주의 정진명 접장이었다.

그 전에도 정 접장은 여러 가지 사정으로 활터에 오래 관여하지 못한 나에게 여러 차례 전화를 하고 방문하여 활터의 옛 풍속과 전통에 대해서 자세하게 물었다. 새로운 것만을 찾는 요즘 세태에서 우리의 전통을 되찾으려고 하는 것은 드문 일이었고, 나의 선친이 조선궁술연구회를 창립하고 황학정 사두로 오래 계셨기 때문에 내가 곁에서 보고 들은 것들을 얘기해줄 때마다 정 접장은 그것을 비디오와 녹음기에 담아 갔다. 그리고는 그것을 정리하여 책으로 냈다. 이렇게 맺은 인연도 벌써 10년이 다 돼간다. 그 사이 나는 활을 쏘기 어려운 상황이 되어 내가 쓰던 궁시를 정 접장에게 넘겨주었는데, 그 뒤로도 틈틈이 전화를 하여 나의 안부를 묻고는 했다.

정 접장이 본래 문학도였다는 것은, 매번 보내주는 책을 받아보면서 안 일이었다. 보통 사람으로는 엄두도 내기 어려운 활에 관한 책을 몇 권 펴낸 것도 그런 특별한 이력 때문이었던 것으로 안다. 그런데 이번에는 시집을 낸다면서 거기에 내 글을 싣고 싶다고 하였다. 활에 관한 것이라면 나름대로 보고 들은 게 있지만, 오랜 감수성 훈련이 필요한 이 방면에 문외한인 까닭에 선뜻 허락하기 어려운 청이었다. 그러나 그동안 활로 맺어온 인연 또한 소중하다는 생각이 들어 과공비례를 떠올리고 이렇게 붓을 들었다.
　이 책은 활에 관한 내용으로만 이루어진 시집이다. 이것은 문학계에서도 국궁계에서도 아주 특이한 일일 것이다. 내용까지 자세히 거론할 수는 없으나, 여러 가지로 양쪽 모두에게 축하할 일이라고 생각한다. 읽는 분들에게 소중한 체험이 될 것임을 확신하며 정진명 시인의 시집 『활에게 길을 묻다』 출간을 진심으로 축하한다.

2005년 9월 성낙인

활에게 길을 묻다
차례

1

활 • 13
황학정(黃鶴亭) • 14
석호정(石虎亭) • 15
단양 대성정 • 16
제주 관덕정 • 17
부여 육일정 • 19
가장 소중한 활 • 20
청주 우암정 • 23
활 • 24
개성편사 • 25
수렵도 • 26
한라정 풍월 • 29
활쏘기 • 30
활에서 배워야 할 것 • 32
각궁 • 34
애기살 • 36
과녁의 향기 • 37
활의 향기 • 39
각궁 군자 • 41
화살은 곧다 • 43
둥근 촉 • 44
혜성 • 46

화살은 쏜 사람을 향한다 • 48
학 • 50
용의 혀 • 52
마음으로 쏘는 활 • 55
솔포 1 • 56
솔포 2 • 57
시위에 걸린 달 • 59
활 속의 길 • 60
모래톱 활쏘기 • 62
구슬 연못 • 64
강궁 연궁 • 66
활의 품 • 67
야사(夜射) • 68
여무사 • 70
내가 하고픈 것은 • 71
둔곡대 • 73
활을 쏜다는 것은 • 74
짐승 • 76

2

활과 시의 만남 • 83

1

활

그대 향하여
내 마음을 당긴다.

그대 마음에 피는 홍심을 겨누고
한 사내의 영혼이 ㄷ자로 구부러질 때

발바닥에서부터 끌어올린 팽팽한 힘이
밀고 당기는 두 손 사이에 위태롭게 멎는다.

숨막히는 고요를 깨고
터질 듯한 가슴을 힘껏 빠개면

살이여!
너는 벼락처럼 절망을 가르라.

내 손에 잘 익은 활로
가장 큰 가슴을 열고

그대에게 날린다.
마음 속 깊은 곳에서 뽑은 화살 하나.

4327. 11. 11.

황학정(黃鶴亭)
― 黃衣挽弓彷佛鶴之舒翼

비 개이는 인왕(仁王)은
수묵의 화폭을 뚫고 나온 듯한데
등과정(登科亭) 옛터엔
한량들의 시윗소리 맑고 경쾌하다.

옛날 경희궁에 둥지 튼 학들
어지러운 세상 피해 어디로 갔나 했더니
겸재의 산수화 한 구석으로 옮겨
수렵도 속 천년의 풍류를 전한다.

날아갈 듯 부푸는 기와집 추녀 아래
비정비팔로 우뚝 서서 활을 당기면
힘차게 나는 화살 위로 양죽을 퍼덕이며
한 마리 학이 되어 날아갈 것 같다.

4332. 2. 9.

석호정(石虎亭)

묵직한 시위 팽팽히 걸린 살기가
깍지 떼는 소리와 함께 120보를 건너가면
청아한 목성이 솔숲을 울리며 돌아온다.

무겁의 깃발이 돌아가는 산기슭은
그 옛날 아랫대의 장수며 선비들이
읍양하며 군자의 덕을 보던 곳,

세상이 아무리 변했어도
사람이 지켜야 할 덕은 변치 않아
오늘도 그의 후예들이 활로 마음을 닦는다.

해는 남산 위로 울고도리처럼 뜨는데
앞뒤 꾸미 꽉 조이고 깍지를 다시 떼면
바위라도 꿰뚫듯이 화살이 난다.

4332. 2. 9.

단양 대성정

허공에 빨랫줄을 긋는 살줄 아래
강물이 초록빛 융단을 뒤척인다.

무겁의 깃발은 연이어 돌아가고
설자리의 시윗소리는 서까래를 울린다.

곁동을 추키는 시원한 강바람에
잠시 의자에 기대어 깜빡 졸다 깨면

여기가 무릉도원인가?
복사꽃, 살구꽃은 떠오지 않아도

손뼉 속에서 송이송이 몰기 꽃 벌어
오 천 년 묵새긴 얼의 향기 그윽하다.

4332. 8. 17.

제주 관덕정

완도에서 보길도 추자도를 거쳐
며칠 멀미 끝에 신임 목사가 부임하던
그 옛날 뱃길을 동력선으로 한달음에 건너니
원님 맞으러 나온 육방관속과 백성들처럼
야자수가 줄지어 서서 잎새를 흔든다.
시멘트 건물 가득한 시가지 한 복판엔
〈탐라순력도〉 안의 팔작지붕 그 건물이
서까래 하나 기와 한 장 다치지 않은 모습으로
주인 없는 묵은 세월을 힘겹게 떠받치고 있다.
구경꾼처럼 에두른 담장을 가볍게 넘어
목사가 앉은 마루에 올라서니
차 소리 문득 그치고 풍악소리 울린다.
정의·대정 양 현에서 모여든 한량들,
소포와 과녁을 향해 줄줄이 벌여 서서
앞 뒤 꾸미 단단히 버티고 안간힘 쓴다.
시윗소리 울릴 때마다 남치마 입은 기생들
지화자 소리가 방울목으로 담장을 넘는데
연불을 쏘았는지 시내버스 정류소엔
한 한량이 앉아서 눈물을 훔치고,
지하도 입구에선 불콰한 한량이
몰기라도 했는지 어깨춤을 춘다.

제주목 관할의 한량은 아니지만
'제주사회(濟州射會)' 화폭 속으로 들어가
"觀德亭", 크기만큼 묵직한 그 글씨 밑에
나도 활을 들고 비정비팔로 선다. 그러면
차들은 무겁 향해 꼬리를 물고 날아가고
만작한 화살 끝으로 둥근 해가 떠오른다.

4332. 9. 18.

부여 육일정

나당연합군을 향해
몰려가던 화살이
붉은 홍심을 향해
쉬쉬식 날아간다.

기왓골 완연한 팔작지붕은
옛 하늘을 날아갈듯 떠받치고
주련에 박힌 싯귀마다
무사의 기개 힘차다.

시퍼런 정신의 대숲에서
서걱대는 화살소리에
깍짓손이 올라앉은
한량들의 죽머리도 단단한데,

오늬와 상사 사이
디귿 자를 그리며 돌아나가는
이천 년 전의 백마강을
힘찬 화살이 단숨에 건넌다.

4333. 1. 12.

가장 소중한 활

인터넷을 갓 배운 딸이
활량인 아빠에게 메일을 보냈습니다.
활이라는 글자를 활 모양으로 배열하여

　　　　활
　　　　　활
　　　　활활
　　　활　활
　　　활　활
　　활　　활
　　활　　활
　　활　　활
　　활　　활
　　활　　활
　　활　　활
　　　활　활
　　　활　활
　　　　활활
　　　　　활
　　　　활

아빠의 마음에 좋은 활을 하나 선물하려고 한 모양입니다.
하지만 화면에 떠오른 활은 보낼 때와 달리
시위도 없는 듯이 일그러졌습니다.

활
활
활활
활활
활활
활활
활활
활활
활활
활활
활활
활활
활활
활
활

배운 지 얼마 안 되는 서툰 인터넷으로
뜻한 바가 잘 안 되자
딸의 얼굴은 찡그러집니다만,
아빠의 마음속에는 벌써
세상에서 가장 좋은 활이 들어와 있습니다.
빛나는 황금 화살 하나,
어두운 세상을 가볍게 건네는
만월 같은 활이.

　　　　　　　　활
　　　활 활 활 활 활　　활
　활　　　　　　　　　　활
　활　　　　　　　　　　　활
　　활　　　　　　　　　　　활
≪ 살 활 살 살 살 살 살 살 살 살 살 살 살　살
　　활　　　　　　　　　　　활
　활　　　　　　　　　　　활
　활　　　　　　　　　　활
　　활 활 활 활 활 활　　활
　　　　　　　　활

4335. 4. 19.

청주 우암정

동쪽으로 엉덩이를 두고
황소 한 마리 납작 엎드렸다.
사래 긴 밭을 갈기 위하여
긴 잠 자는 중일까?
이따금 코고는 소리도 들린다.
솔미골에서 바라보는 소는
시내 복판까지 코를 들이밀었다.
아파트를 따라 코뚜레가 돌아가고
콧구멍에서는 무슨 소리 들리는데,
언뜻 들으면 활 시윗소리 같지만,
귀를 쫑긋 세우면 황소 숨결이 분명하다.
누운 소의 정기는 분명히 살아있어
날마다 긴긴 숨을 허공으로 쏟는다.

4336. 8. 21.

활

줌손과 깍짓손 사이
깃털 같은 숨이 가만히 메우면

활과 시위 사이
우주가 풍선처럼 부풀어

텅 빈 배꼽 밑에
둥근 달 하나를 낳는다.

그 달 속에서
먼 별까지 날아간 황금화살

아침마다 등불 같은 꿈을 켜고
이마로 날아든다.

4337. 1. 8.

개성편사

해방 전의 서울 황학정에서 쏘아 올린 화살이
개성 관덕정까지 날아가서는 돌아오지 않는다.

과녁에 꽂혀있어야만 관중으로 인정하던
북녘 노궁사들의 고집이 아직 풀리지 않은 탓일까?

범의 꼬리처럼 뿌려진 깍짓손의 반동에
화살은 날마다 서울 하늘을 힘껏 차 오르는데

휴전선 위에 걸린 투명 솔포를 뚫지 못하고
파주나 장단 어름에서 우박처럼 떨어지다가

획창 소리가 서까래를 울리는 꿈속에서
장촉 화살들이 관덕정 무겁까지 날아간다.

4337. 1. 8.

수렵도

내 안에는 커다란 동굴이 있다.
컴컴한 그곳으로 들어가면
깊은 어둠에 익어 가는 속도로 개이는 눈앞에
벽화가 나타난다.
할아버지의 할아버지의 또 할아버지가
연꽃 하늘 위의 북두칠성에서 걸어나와
내 젊음의 뒤편에 그린 수렵도.

왼여밈 한 허리를 질끈 동인 사내가
디귿(ㄷ)자로 굽은 활을 가슴 가득히 끌어안고
굽이치는 산봉우리를 훌쩍 뛰어넘는다.
꽁지로 달겨드는 헛살 소리에
달아나던 범이 놀라 고개를 돌릴 찰라
이마 한 복판의 임금 왕짜 무늬에 꽂히며
나뒹군 포획물에서 부르르 깃을 떠는 대우전.
방금 넘어온 산봉우리들이 말발굽 아래 엎드려
둥성이 너머로 새벽을 쏘아 올린다.

뭉툭한 명적 하나 가만히 산 너머로 날리면
어둠 속 곳곳에 박혀있던 젊은 날의 꿈들이
매화포처럼 와아 솟아오르고

반구비로 날아오르던 명적 소리,
어두운 밤하늘의 배경으로 올라가
지상의 길을 비추는 별이 된다.
그 별빛 속으로 영혼의 더듬이를 내밀며
비로소 중심을 잡는 청춘의 뼈.

세월은 흘러도 벽화는 남는다.
흘러간 세월의 길이만큼
동굴은 스스로 더욱 깊어져
지상의 덧없는 꿈들이 사위어 갈 때
마늘과 쑥으로 인간을 꿈꾸던 첫새벽의 빛과
말발굽 소리로 지평선 저쪽을
발 밑까지 끌어당기던 할아버지적 기상이
천장과 벽의 딱딱한 돌 속으로 파고든다.

동굴 속으로 들어간 나의 일은
가없는 화폭 속에 얼어붙은 꿈을 깨우는 것.
할아버지의 영혼이 새겨놓은 수렵도 속의 꿈을 불러
달리다 멎은 그의 말발굽을 지상에 옮겨놓는다.
그러면 시위처럼 팽팽해진 벌판 위로
동굴 벽에서 방금 살아난 꿈들은 쏜 살같이 달려나가고

그 꿈을 타고 달려간 사내들과 함께
무용총의 벽으로 돌아올 때까지
달리는 말의 안장 위에서 나는
가슴 가득히 활을 당긴다.

4337. 8. 10.

한라정 풍월

사라봉 기슭의 활터에 와서
서당개가 3년만에 읊는다는 풍월을 듣는다.

줌손과 깍짓손 사이에 팽팽히 걸려있던 온몸의 긴장이
허공으로 낸 무수한 길이라도 보는 것일까?

악착같은 적의로 우체부의 오토바이를 쫓아보낸 뒤
초면인 한량에게 다가와서 꼬리로 웃음 치는 덩치 큰 개, 백구

사람의 눈에는 보이지 않은 어떤 세계를
저 개는 저만의 풍월로 듣고 있다.

별도봉 언덕 너머에서 철썩 처얼썩
바다가 쪽빛 잔등을 고래처럼 뒤챈다.

수평선 시위로부터 화살처럼 날아드는 풍월을 듣기 위해
나도 귀를 쫑긋 연다.

4337. 8. 26.

활쏘기

활은
춤이다.

국화 향기에 마음이 가을로 가듯
먹 내음에 마음이 종이로 스미듯

하늘로부터 들리는 음악에 맞춰
활이 움직인다.

뚫어야 할 과녁의 반대 방향으로
천천히 물러서는 화살 따라
깊이를 알 수 없는 가슴이 열리고
더는 물러설 수 없는 자리에서
살대가 건곤의 수평선에 가만히 맞물릴 때

부풀어오른 가슴 가득
붉은 달이 들어와
뼈와 뼈 사이에서 숨을 쉰다.

축 끝에 걸려 흔들리던 과녁이 사라지고
활을 밀고 당기던 손이 사라지고

마지막 장애로 남은 활도 몸도 사라져
오직 둥근 마음만이 보름달처럼 환할 때

그 달의 한 복판으로부터
둥근 바퀴 안쪽을 한 바퀴 돌아
살끝이 잠시 잊은 저쪽
영원의 기슭으로 날아가 입맞춤하는 것.

들고나는 한 번 동작으로
우주의 한 호흡을 완성하는

활은 춤이다.

4337. 11. 4.

활에서 배워야 할 것

내가 배운 것은 활이 아니라
사람이었네. 사람의 마음 따라
사람을 찾아가는 사람의 길,
활을 따라가면 거기 이웃이 있고
이웃들의 숨소리와 웃음이 있고
즐거운 잔치 마당에서 한 가지로 어울려
춤추는 어깨들이 있네.
즐거운 잔치에서 흐트러지지 않고
나아가고 물러설 줄 아는 것과
풀어야 할 때와 조여야 할 때,
해도 되는 것과 해서는 안 되는 것을 아는
보이지 않는 길이 거기 있었네.
활이 가르쳐주지 않는 것은 하나도 없어
활 잡은 누구나 그것을 배우지만
아무나 배워지지는 않는 것,
가령, 배나무 밑에서 갓을 고쳐 쓰거나
외밭에서 신발 끈을 고쳐 매지 않는 것은
옛 접장들이 남긴 향기와도 같은 것.
마음이 물처럼 낮아진다든가
순간으로 영원을 꿴다든가 하는
아무도 가르쳐주지 않는 것까지도

남몰래 가르쳐주어
활의 길이 결국 영원의 길이고
그 길 따라 걸어간 많은 사람들의 발자국 위에
아둔한 내 발을 조심스럽게 겹쳐보는 것이
진정한 활의 즐거움임을 배우는 일이었네.
그 즐거운 가락을 타고 이웃과 어울려
함께 춤추는 것임을 아는 것이었네.
활에서 배운 것은.

4337. 1. 4.

각궁은 호랑이다.

입으로 들어온 숨을 꼬리 끝까지 잡아당겨
몸을 최대한 웅크리면서
발톱 같은 고지를 빳빳이 펴고
잘록한 허리를 낚싯대처럼 휘어
어떤 떨림을 겨누던 긴장을
줌통 안의 깃털이 살짝 건드리는 순간
벼락처럼 허공을 가른다.

미립의 중심에서 퉁겨나가
나뒹구는 짐승의 등판에 박힌 것은
세월 앞에 녹으로 분해되는 화살촉이 아니라
불을 토하며 영원을 녹이는
강렬한 눈빛이다.

시위가 한 번 물러설 때마다
이글이글 눈이 타오르고,
손끝에 스치는 눈썹을 뽑아
달아나는 노루의 가슴을 매처럼 겨누는

각궁은 호랑이다.

4337. 11. 4.

애기살

사랑은 언제나 미끄럼틀을 탄다.

내게로 오는 시간을
그대에게 오는 시간의 여울로 합류하여
그대가 가야 할 방향과
내가 가야 할 방향 사이에
미끄럼틀을 놓는 것.

무지개의 일곱 틀을 타고 사랑이 오듯이
아이들의 입을 열고 행복이 오듯이

그대와 내가 함께 가야 할 방향으로
활을 당겨 시간의 덧살을 놓고
가만히 그 안에
한 뼘 짜리 조그만 사랑의 화살을 메운다.

덧살을 타고 가장 빠른 마음으로
그대 마음속의 붉은 점을 향해 날아가는 것.
나, 지금 이렇듯 애기살을 쏘느니

사랑은 언제나 미끄럼틀을 탄다.

4337. 11. 4.

과녁의 향기

궁대를 띠고 설자리에 나서면
과녁은 꽃송이처럼 부풀고
마음은 벌처럼 그곳으로 날아간다.

무겁으로부터 날아드는 향기에
처마 밑 공기도 환히 부푼다.

상은 마음에 따라
거울 같기도 하고 아지랑이 같기도 한 것.
세상은 공평하여
헛것일수록 분명하게 잡히니
신기루가 목마른 자에게 더욱 실감나듯

눈 먼 자들을 위하여
과녁은 저렇듯 마음속에서 빛난다.

그러니 부푸는 과녁은 부푸는 대로 두고
옥빛으로 빛나는 처마 밑 공기도 그대로 두는 것이
헛것에 씌이지 않는 일이다.

가장 올바른 명중은

마음을 거두어
과녁으로부터 멀리 달아나는 것.

그럴수록 향기는 더 멀리
더 진하게 따라온다.

그대가 과녁을 놓을 때
과녁이 비로소 돌려주는 것이 있어
그것으로부터 꽃의 향기가 나나니,

과녁은 한 송이 탐스런 꽃이다.

4337. 11. 4.

활의 향기

쏘아서 맞추는 것이 활이라면
활은 아무 것도 아니다.

살이 싣고 간 마음을
과녁의 중심에 부리고

거기서 아침해처럼 붉게 타오른 뒤
처음 들어섰던 자리로 물러나

환히 벙그는 벗들과 더불어
과녁의 향기를 함께 나누는 것.

올라간 언덕 위에서 다시 내려와
언덕 위의 풍경을 전하며

더불어 화기애애하고
더불어 희희낙락하는 것

이것을 뺀다면
활은 아무 것도 아니다.

과녁을 맞추기 위해 활은 태어나지만,
맞추는 것에 활이 있지 않다.

4337. 11. 4.

각궁 군자

각궁은 군자를 닮았다.

활의 뼈대를 왕대로 쓰는 것은, 속이 텅 빈 대나무처럼 마음을 비우라는 뜻이다.

양쪽 고자를 뽕나무로 택한 것은, 강함을 숨기고 부드럽게 처하라는 뜻이다. 부드러움이야말로 가장 강한 힘이다.

줌을 참나무로 한 것은, 끝은 부드러워도 중심은 단단하여 어떤 충격에도 흔들림 없이 자신을 지키라는 뜻이다. 중심이 서지 않으면 모든 것이 흔들리기에 아름다운 미립은 줌으로부터 말미암는다.

활의 바깥을 소심줄로 덮은 것은, 힘을 쓰되 가닥가닥 흩어지는 마음을 살펴 행하라는 뜻이다.

심줄을 화피로 덮은 것은, 자신이 행하는 일을 겉으로 드러내지 않는 겸손함을 보인 것이다.

활의 안쪽을 뿔로 댄 것은, 남에게 너그럽더라도 자신

에게만은 돌처럼 엄격하라는 뜻이다. 또한 잘 닦으면 뿔은 거울처럼 빛을 내니 거기에 비치는 자신을 보며 마음에 한 점 사사로운 티끌을 남기지 않을까 경계로 삼으려는 것이다.

이 많은 것을 부레풀로 붙이는 것은, 모든 것이 하나로 어울려야 큰 일을 이룰 수 있다는 뜻이다. 중심을 잃지 않으면서 각기 제 자리에서 조화를 이루는 중용의 덕이 그것이다.

군자의 마음은 놓치지 않는 한 올의 정신이다. 양냥고자에 걸린 시위는 그것을 뜻한다. 한 가닥으로 활 전체에 팽팽한 기운을 감돌게 하는 시위는 묵묵히 앉아 있지만 눈꺼풀 하나로 온 우주를 들었다 놓는 군자의 마음을 뜻한다.

예로부터 선비들이 활을 들고 설자리로 나선 것은 과녁을 맞추기 위함이 아니었으니, 각궁을 들어올리는 순간 모든 것은 이미 완성된다.

그러기에 각궁은 군자를 닮았다.

4337. 11. 5.

화살은 곧다

화살이 곧은 것은
닿아야 할 목표가 분명하기 때문이다.

언제나 돌이킬 수 없는 방향을 택하지만
가장 맹렬한 속도에 자신을 맡겨
뒤돌아보지 않고
망설임 없이 달려가는 것.

촉을 달구며 도착한 곳이 과녁 밖이라 해도
과녁 밖의 한 점이 기준이 되어
뒤따르는 살에게 가야 할 길을 보여주는 것.

그러기에 되돌릴 수 없는 방향을 기꺼이 택하여
한 점 의혹도 후회도 없이
순간의 벽을 헤치며 꽁지를 끌고
화살은 온몸으로 날아간다.

촉끝에서 빛나는 목표까지
가장 빨리 가 닿기 위해
화살은 곧다.

4337. 11. 5.

둥근 촉

화살은 날아가서 마침표를 찍는다.

그 점이 어디에 찍혔는가를 확인하며
허리에 남은 발 수를 헤아려 숫자로 바꾸는 셈은
한량의 욕망일 뿐,

화살은 꽁무니에서 밀려든 힘으로 촉을 밀고 날아가
제 삶이 내린 곳에
가장 우렁찬 마침표를 찍는다.

한때 뽑히지 않을 예각의 날을 세워
달아나는 짐승의 숨가쁜 심장 속에
삶의 마침표를 이식하기도 했지만,

살기를 버린 둥근 촉에 찍혀 나동그라지는 것은
겁먹은 짐승의 심장이 아니라
과녁까지 끈질기게 따라붙은 욕망이다.

그러기에 살기를 버린 화살은
더 나가지도 덜 가지도 않은,
딱 그만큼의 거리에다 제 삶을 완성한다.

화살은 언제나
자신의 마침표를 향해 날아간다.

                                        4337. 11. 5.

혜성

세월은 쏜살같다.

그 살을 과녁까지 보내기 위해
과녁으로부터 가장 먼 곳에서
천천히 구부려지는 활을 따라
누군가의 팔이 벌어지고
달처럼 벙그는 품안에
더도 덜도 아닌 완벽한 한 호흡이 머문다.

그 긴장을 박차고 나간 삶을
가장 멀리 보내기 위해
명왕성 밖, 알 수 없는 먼 곳에서
구부려지는 활의 시위에는
우주의 한 호흡이 팽팽히 걸린다.

제 삶의 꼬리를 환히 불태우며
어둠을 밝히는 그대의 살은 그대가 모르는,
쏘아보낸 이의 거룩한 말씀을 밤하늘에 계시하며
별과 별 사이
그만이 아는 곳을 향해 날아간다.

가장 먼 궤도로 스스로 빛나는 한 생을 그리며
마침내 떠난 품으로 돌아오는,
우주가 쏘아 올린 가장 빛나는 화살이
그대 마음의 한 복판을 꿴다.

삶은 쏜살같다.

4337. 11. 11.

화살은 쏜 사람을 향한다

화살은 쏜 사람을 향한다.

시위를 박차고 나간 화살은
허공에 타원 궤도를 그리기에
언제나 자신에게 돌아온다.

날아가는 궤도의 중간에서
사람들의 욕망이 놓은 장애물에 부딪혀
딱! 소리를 내며 튀지만,

튄 화살이 땅에 내리기 전
그대가 잠시 잊은 화살은 끝없이 날아가
과녁에 머문 욕망을 뚫고
마음속 알 수 없는 미로를 한 바퀴 돌아
저를 떠나보낸 몸으로 연어처럼 돌아온다.

그렇지 않다면 순을 거듭할수록
숨이 점점 깊어지고.
눈은 더욱 빛날 리가 없으니,
마침내 마음이 과녁을 삼키고
제 안의 과녁을 향해 쏘는 백발백중은

거기서 이루어지는 완성된 사법.

한 발을 맞추든
두 발을 맞추든
과녁 너머로 이어진 마음의 반구비 따라
신비한 타원궤도를 그리며

화살은 쏜 사람을 향해 날아간다.

                                                    4337. 11. 11.

학

활을 쏘는 일은
학이 되는 일이다.

9만리 장천을 날기 위한 예비동작으로
양 죽을 천천히 추켜 올리면
학의 목처럼 길어지는 숨결을 따라
영혼의 주파수는 벌써
닿아야 할 곳까지 간다.

지상에 드리운 몸뚱이의 무게를 잊고
땅바닥을 지그시 누르던 발끝을 잊고
마침내 가야 할 곳마저 잊으면
어느 순간 창공의 푸른 바람이
추켜든 겨드랑이를 시원하게 스친다.

영혼의 주파수가 점지한 곳을 향해
저도 모르게 떠난 화살이 허공을 긋는 동안
잊혀진 몸은 학처럼 떠서 날아가고,
마침내 과녁을 울리는 북소리와 함께
한껏 펼쳐진 양 죽을 거두며
가장 가벼운 동작으로 지상에 내리는 것.

활을 쏘는 일은 모름지기
학이 되는 일이다.

                              4337. 11. 15.

용의 혀
— 황학정 수평송(水平松)

  인왕산 기슭에는
용이 아직 살아있어
바위의 위턱과 아래턱 사이로 슬그머니
혀를 내민다.

  지켜주던 나라 망하자,
윗대에 살던 백호와 더불어 활터에 이름만 남기고
한 세월 어디론가 숨었다가
옛날 범 같은 한량, 무사들이 학춤을 추던 곳에 다시 나타나
천년을 지켜온 청청한 정신이 사라지는 꼴을 더는 볼 수 없다는 듯이
  푸른 잉크가 묻은 혀를 내민다.

  용의 혀는 불.
  아가리를 열 때마다 확확 소리를 내며 불길이 드나든다.
  너절한 것들은 그것이 무엇이든 단번에 불태운다.
  삐~ 소리와 함께 혓바닥을 내밀었다 거두는 장난감 호드기처럼
  인왕산의 품속에서 혼자 들끓던

말의 불길이 입 밖으로 뿜어져 나온다.

그 혀가 나타나는 건 한낮 동안이다.
듣지 않는 말은 안 하느니만 못하기에
보는 이 없는 밤이 되면 혀를 들이켰다가
해가 뜨면 다시 길게 내민다. 아침에
혀가 젖어있는 것은 그 탓이다.

용은 아무한테나 나타나는 짐승이 아니기에
사람들이 진짜로 저를 못 알아 볼까봐, 어떤 때는
내민 혀를 날름거리기도 한다. 그러면
그 주변에 있던 공기까지 따라 출렁이며 오로라를 일으
킨다.
불은 공기로 타오르기 때문이다.

용은 땅의 정령이자 터의 지킴이,
아직은 지켜야 할 무엇이 더 남았다는 듯
잃어서는 안 될 최후의 정신이 시위에 걸려있다는 듯
화살이 날아다니는 허공을 향해
긴 혀를 내민다.

인왕산(仁王山) 기슭에는
사람들이 한 동안 잊은 용이 있어
파란 불꽃의 혀를 내밀고 날름거린다.
잊어서는 안 될 정신을 시퍼렇게 벼려
사람들에게 말을 한다.

            4337. 11. 15.

마음으로 쏘는 활

과녁 없이 마음으로 쏘는 활은
살의가 없어 좋고
맞추고자 하는 욕심이 없어 더 아늑하다.

벌어진 활 안의 가없는 허공에 안겨
활과 화살을 잊는 것은,
처음부터
활을 들지 않은 것과 같은 것.

저를 잊은 황홀경 속에서 뛰쳐나간 화살이
바람을 이기고
마음이 정한 곳으로 간다면,
과녁 없이 마음으로 쏘는 화살 또한
이미 그곳에 박힌다.

화살이 노린 것이 과녁의 표면이 아니듯
마음으로 쏜 화살은 언제나
과녁을 지나
나를 잊고 활을 잊은 그곳으로 돌아온다.

4337. 11. 23.

솔포 1

솔포는 성자다.
어떤 화살이 날아들어도
고통을 방긋 웃음으로 바꾸며
자신을 쏜 자에게 기쁜 소식을 넘겨준다.

웃음이 반복될수록 자신은 해지지만
숭숭 뚫린 영혼을 퍼덕여
누구나 반기는 환한 표정을
바라보는 이의 얼굴로 옮겨놓는다.

화살이 날아간다. 잠시 후
그 고통의 힘을 반동으로
성자가 웃는다. 천진난만한 아이처럼
방긋, 방긋, 방긋.

4337. 11. 24.

솔포 2

네 다리를 묶인 맹꽁이처럼
바람을 안고 부풀어오를 때

고통은 가장 아름다운 웃음이 된다.

오색바람을 뚫고 오느라 얼마나 힘들었냐고,
 시누댓잎처럼 들썩이는 마음의 고요를 다스리느라 얼마나 애썼냐고,
 그 마음 다 안다고,

방긋 웃는다.

날아드는 화살에 꽂히지 않는 길은
제 안을 우주처럼 텅 비우는 것.
오로지 그윽한 허공을 빌어
화살이 가는 대로 길을 터주고
허공에 남은 작은 통증의 여운으로
그들과 더불어 웃는 일이다.

그 웃음 한 번에 무겁이 환히 열려
사대까지 그윽한 빛이 밀려들 때,

고통은 가장 아름다운 웃음이 된다.

                                                  4337. 11. 24.

시위에 걸린 달

무사는 양손을 밀고 당기지만
한껏 벌어진 깍짓동 안에는 둥근 달이 든다.
온작의 깍짓손이
숨을 터뜨린 뒤에도
달은 오히려 조금씩 커진다.

때로 그믐에서 보름 사이
스스로 차고 기울곤 하지만,
그건 앞과 옆, 또는 뒤에서 볼 때의 일,
달은 언제나 발바닥 밑까지 뿌리를 뻗고
시위 안에서 지구처럼 자전한다.

활을 짊어진 어깨 위에 둥근 달이 걸리고,
부푸는 그 달 속에 몸이 담기면
시위는 찰나에 깃든
영원의 숨결을 깨우기 위해
달의 한 복판을 번개처럼 긋는다.

4337. 11. 24.

활 속의 길

활에는 길이 숨어 있다.
우주로 통하는 길.

활의 한 복판에 걸린 살은 피스톤과도 같아서
전진과 후퇴를 반복하는 동안
알 수 없는 힘으로 활의 내부를 충전한다.

발바닥으로부터 퍼 올린 힘과
마음의 기압골을 따라 머리로 내려온 힘이
화살이 점지한 활의 내부 어딘가에서 만나
물방울처럼 둥글게 부풀다가
밀고 당긴 어깨에 날개를 단다.

날개를 밀어 올리는 바람의 힘이 아니더라도
겨드랑이에는 지상의 것이라고 할 수 없는
어디선가 밀려든 기운이 박하처럼 흐르고,
눈은 과녁 밖
화살이 가지 못하는 한 곳을 넘나든다.

발가락 끝에서 땅 밑으로 통하는 길과
머리의 중심에서 하늘로 통하는 길이

활 안에서 가마처럼 맴돌이하다가
반대로 뻗어간 길의 끝이 부린 활처럼 마주쳐
처음도 없고 끝도 없는 한 회로를 만드는 것,

마음의 플러그를 꽂으면
미간을 좁히는 과녁과
청룡의 비늘처럼 빛나는 기와지붕,
그 위의 구름 같은 모든 것을 황금빛으로 바꾸며
사물의 근원으로 환원시키는

그런 묘한 길이 있다.
활에는.

4337. 12. 6.

모래톱 활쏘기

반짝이는 모래톱에 솔포를 거는 것은,
적과 싸우기 위함이 아니다.

물결치는 방문객의 발길에 문지방은 물론
기왓골 밑에서 바위솔처럼 돋던 사람들의 마음까지도 닳아
넘어도 되는 것과
결코 넘어서는 안 되는 것까지 넘어
물돌이동의 물길까지도 바꾸고야 말 저 거친 격류 속에
발가락으로 힘주어 디뎌야 할 우리의 땅이 잠겨있다.

가냘픈 장대에 매달려
온몸으로 바람을 맞으며 부푸는 솔포를 향해 날아간 화살이
절벽의 시원한 이마를 때리며 강 건너 돌아올 때면
활량들 뒤에 담처럼 늘어선 구경꾼들의 마음속에도
불룩한 배를 더욱 부풀리며
헝겊 과녁이 들어앉는다.

한길 남짓한 솔포가 모래톱에 서면
부용대 절벽보다 더 큰 크기로 확대되는 것은

활량이나 구경꾼이나 매한가지이니
하회의 솟을대문을 가볍게 삼킨 물결로도
마음속의 저 헝겊과녁을 휩쓸어갈 수는 없어,

부용대 모래톱에 솔포를 띄운 것은
굳이 말하자면, 용도를 바꿔
적 아닌 적과 싸우기 위함이었다.

4337. 12. 6.

구슬 연못

황제의 위까지 오른 고종은
황학정 사계 좌목 첫 장의 빨간 종이에 친히
연주(淵珠)라는 이름을 써넣었다는데,
동란 통에 잃어버려 지금은

새 좌목에 빼곡이 오른 새로운 이름들 사이에서
두발당성으로 서까래를 찼다는 송덕기 옹과
개성편사를 마치고 돌아오던
수염 허연 성문영 공의 자취도 아득하다.

하지만 세월의 아가미 속으로 뻐끔뻐끔 사라지는 것은
의구하지 않은 인걸들뿐,
수평송이 날름거리는 혀로 가리키는 곳에 회양목이 점점이 꽂혀있고,
그 도장목이 두른 푸른 잔디밭 속에
눈에는 잘 보이지 않는 연못이 하나 있어
오늘도 청룡의 등비늘을 반짝인다.

무더운 여름날 성낙인 선생과 활을 두어 순 내다가
땀 찬 엄지의 쇠뿔깍지를 빠뜨리고 온 그 밑바닥에는
아는 이만 아는,

천 년 전에 빠진 구슬이 있어
고요히 과녁을 마주한 사람들의 마음속에 은은히 비친다.

흐린 날이면 구슬은커녕 연못마저 사라져버리지만,
경희궁 구름다리를 건너던 황제의 연못 속에서
홀로 빛나던 그 구슬이, 가만히 보면
내 뱃속 어딘가에도 들어와 빛나는 것은
내가 황제라서가 아니다.

천년 동안 물 속에서 흐리고 맑은 빛을 되풀이하다가
연못이 파묻힐까 못내 두려워
〈조선의 궁술〉의 갈피 속으로 구슬을 옮겨버린
한 연못이 황학정 뜰에 있다.

4337. 12. 7.

강궁 연궁

과녁을 맞추려는 자 강궁을 당기고
마음을 맞추려는 자 연궁을 집는다.

과녁 향해 날아가는 화살은 매한가지지만,
돌아오는 울림은 전혀 달라서
맞추는 쾌감은 강궁의 몫이요,
샘솟는 기쁨은 연궁의 덕이다.

허니, 맞고 안 맞고는 마음 밖의 일일 뿐,
오색바람에도 연궁을 잡는 것은
접시안테나 같은 활의 중심에 몸을 고누고
그 큰 품안에서 마음마저 여의어
밀려드는 우주의 숨결을 맞으려 함이다.

강궁을 끄는 자 과녁에 끌리고
연궁을 여는 자 우주에 안긴다.

4337. 12. 9.

활의 품

당겨진 활 안의 둥근 기운은
애기집과도 같아서
세상의 모든 것들을 포근히 감싼다.

과녁을 겨누고 있지만,
과녁 속으로 들어가
거기 팔 벌린 누군가의 품에 안긴 뒤

하늘과 땅이 분리되기 이전,
활과 살이 나뉘기 이전의 곳에서
하나된 만상과 더불어 쉰다.

나를 낳아준 처음으로 돌려
거기서 갓난아기의 몸과 마음으로
새롭게 태어나는 것,

가득 당겨진 활의 시위 안에는
자신을 잊어서 우주와 하나 되는
지극히 고요하고 아늑한 품이 있다.

4337. 12. 11.

야사(夜射)

밤에는 과녁마다 꽃이 핀다.
그 꽃에 바늘 주둥이를 꽂고 꿀을 빠느라 경황이 없어
밤은 숲 속에서 퍼덕거리는 황금박쥐의 날개를 들킨다.
펄럭이는 하늘의 망토에서 별들이 우수수 떨어져

무겁을 밝힌 불빛에서도 고운 꽃가루가 묻어난다.
그럴 때면 무르익은 꽃은 부끄러워서
자욱히 안개를 피운다. 4월,
폭설처럼 흩날리는 벚꽃을 줌앞바람이
하늘 가득히 밀어 올리는 것도 그 무렵이다.

안개 속에서 숨바꼭질하는 꽃을 향해
화살이 벌 소리를 내며 날아간다.
굳이 밝힌 조명이 아니어도
화살을 삼킨 과녁이 환히 꽃을 피운다.

과녁의 꽃을 향해 날아가는 건 화살이지만,
허공에 뚫린 긴 대롱을 타고
잘잘 돌아오는 것은 꿀물이다.
그 꿀이 배꼽 밑으로 흘러 조금씩 차 오르다가
마침내 얼굴 한 복판에 꽃을 피운다.

부서지는 별빛 뒤에서 어둠은 점점 짙어가고,
그 어두운 허공의 길을 따라
얼굴로 옮겨와 꽃향기 은은히 흐르게 하는,
밤에는 과녁마다 꽃이 핀다.

* 야사 : 밤에 하는 활쏘기.

4337. 12. 14.

여무사

휘고 굽은 각궁의 미립은
여무사의 품에서 완성된다.

한오금의 허리를 감아 돈 궁대는
보는 이의 숨통을 마저 조이고

화살이 떠난 깍짓손은 한 마리 나비,
날개의 팔랑임이 멎고 나면

온 세상이 멎은 순간의 고요 속에
향기로운 금분을 뿌리며 꽃이 핀다.

점점 부푸는 꽃송이 속에서
화살이 여왕벌처럼 날아갈 때마다

버들잎 살랑이는 백 보 밖까지
왼구비 영롱한 무지개가 서려

시위 울려온 천년의 내력이
여무사의 품에서 환히 빛난다.

4338. 2. 12.

내가 하고픈 것은

주몽은 백 보 밖의 가락지를 맞추었고
이태조는 애기살로
스무나문 명의 왼쪽 눈을 꿰었다지만,
내가 하고팠던 것은
그런 절세의 명궁 턱이 아니라
아주, 정말로 아주,
사소한 것이었네.

터편사가 벌어질 무렵에 솔포를 친다거나
아니면 터과녁에 박힌 죽시를 노루발로 뽑아서
한량들 서성이는 설자리로 보내주는 것,
그도 아니면 목성에 신이 나서
서너 발 고전기를 들고 휘두르다
막걸리 몇 잔으로 활방에 길게 누웠다가
누군가 깨우는 발길에 취기를 끌고
아내의 우박 같은 잔소리 속으로 돌아오는 것.

흘러간 세월은 다시 오지 않아
방긋 웃는 솔포에, 벼언~
하는 획창 소리가 꼬리를 끌며 날아올라도
지화자 가락은 들리지 않고,

선호중을 하고자 해도
받을 이 더는 없어
소풍난 활을 들고 천년의 노을 속에
주살대처럼 서 있을 뿐이네.

지화자 겹지화자 방울목이 흥겨워
들썩이는 명무들의 어깨 밑으로
막걸리를 들이거나
풀섶에 숨은 화살을 찾아다주고
편사 끝난 어수선한 자리를
빗자루로 쓰는 그런 자질구레한 일.
내가 활터에서 정말 하고팠던 것은.

4338. 2. 14.

둔곡대

학무화는 천년에 한 번 핀다는 전설의 꽃.
활터마다 그득했던 학들 모두 날아가지만,
내 마음의 활터에는 추녀마다 연등처럼 피어
배꼽 밑 불거름까지 뿌리를 뻗는다.

거기서부터 천천히 줄기를 올리다가
천년에 한 번 날아오는 학의 날개 소리를 듣고 깨어
노란 부리로 엄지손톱을 톡톡 쫀다. 그러면
그 촉감을 신호로 하늘 궁륭에 별 가루를 뿌린다.

아직 남은 그 바람에도 날마다 꽃이 벌어
마음만 먹으면 버려진 유화의 알을 덮던 새떼처럼
하늘 아득한 곳에서 깃털들 벚꽃처럼 분분히 내려와
만작의 활 안에 담긴 알을 가만히 덮는다.

천년에 한 번 핀다는 꽃씨를 던져두고
다시 돌아올 천년으로 날아간 학을 기다리며
둔곡대 마음의 활터에서 양 죽을 추켜
불거름에서 피는 꽃송이에 마음을 올린다.

4338. 3. 23.

활을 쏜다는 것은

활을 쏜다는 것은
몸 속에 길을 내는 일이다.

미는 줌손과 당기는 깍짓손 사이에
화살이 들어와 앉을 길을 가만히 내면

양손 사이 둥근 품안에서
한껏 충전된 살이

과녁으로 이어진 허공에 길을 내어
한 치 오차 없는 저만의 길로 오갈 때

나고 들며 절로 깊어가는 숨이
곧게 펴진 몸 속에 실타래 같은 길을 내고

그 길 따라 천지의 기운이 들어
안팎의 우주가 한 호흡에 걸리는,

활을 쏜다는 것은
몸 속에 길을 내는 일이어서

꿈틀거리는 청룡 한 마리
여의주를 물고 번쩍 눈뜬다.

4338. 5. 19.

짐승

하늘에는 네 마리 짐승이 산다.

벌거벗은 임금님처럼 마음이 순수한 이에게만 저를 드러내는 네 마리 짐승.

만백성을 먹여 살리는 주인이 국자를 휘두르는 대로 각기 제가 거느린 무수한 별들을 데리고 꿈속으로 내려와 절기마다 필요한 바람과 물과 햇볕을 편다.

동방창룡수에 기운이 돌고
남방주작수에 자라고
서방백호수에 익고
북방현무수에 자

천년 만년 동안 한 치 오차 없이 하늘을 움직인다.

예부터 성인은 이 이치를 알아 손가락 한 움직이는 데도 이 짐승의 움직임에서 벗어나지 않았다.

몸을 움직일 때나
말을 탈 때나
붓을 잡고 종이 위를 달릴 때나
깍짓손을 끌 때나

몸과 마음의 중심은 그 짐승이 가는 자취에 맞추어 손끝까지 북명 노인의 뜻이 내렸으니, 이런 경지가 아니고서는 함부로 예술이라고 하지 않았다.

오늘 과연 누가 있어 밤하늘의 모든 별들을 이끄는 저 네 마리 짐승의 기운을 손끝에 감히 담겠다 말하겠는가?

4338. 5. 27.

성낙인 선생

2

활과 시의 만남

활과 시의 만남

1. 시는 영혼이 우주와 소통하는 형식

　시는 인간의 영혼이 우주와 소통하는 형식이다.
　우주는, 인간의 이지가 이루어놓은 '세계'와 달라서 그 세계를 둘러싼 미지의 세계까지도 아우른다. 따라서 인간이 자신을 둘러싼 생활세계 바깥의, 아직 알려지지 않은 영역까지도 우주에 포함된다. 그런데 이 '알려지지 않은 부분'은 인간의 내부에도 있고, 외부에도 있다. 외부는 인간의 이성이 과학에서 말하는 갖가지 관념과 도구를 사용하여 알아낼 수 없는 천체 바깥을 말한다. 그것까지를 포함하여 우리는 옛날부터 우주라고 해왔다.
　그런데 자신의 내부로 눈을 돌려도 미지의 세계는 마찬가지로 존재한다. 생활세계의 주인장인 이성은 인간을 이루는 극히 일부분에 지나지 않는다. 이 이성의 영역이 미치지 않는 곳에 있는 그 어떤 존재들을 알아내기 위하여 심리학, 병리학, 의학, 신화학, 사회학 같은 이름의 그물이 있다. 그러나 이 역시 인간 내부의 극히 일부만을 잡아낼 수 있을 따름이다. 인간이 인지할 수 있는 세계 바깥의 영역까지 포함하여 우주라고 부른 것과 마찬가지로 인간 내부에 있는 또 다른 어떤 영역까지 포함하여 소우주라고 해왔다. 인간이 소우주라고 하는 믿음은 바로 이런 부분까지도 포함하여 말하는 것이다.

이를 과감하게 뒤집으면 인간의 내면을 들여다보는 일과 우주의 바깥을 내다보는 일은 같은 일이 될 수 있다는 말이다. 그리고 문학에는 그러한 경계를 알고 그 미지의 세계를 향해 소통하는 갈래가 존재한다. 시가 바로 그것이다.

시는 언어이다. 그러나 다른 갈래와 달리 언어 이전의 세계와 직접 부딪는 특징을 지닌다. 그것은 언어라는 그릇에 담는 형식화의 문제만이 아니라, 이미 설정된 어떤 인식의 방법을 토대로 하여 미지의 세계를 유추하고 추리해내는 방법까지도 포함한다. 그리고 이런 인식과 유추의 근거에는 관찰이라는 아주 중요한 작용이 전제되어 있다. 밤하늘의 별을 바라보는 일은 자신의 내면에 깃든 영혼의 존재 형태를 간파하는 일이 된다. 자신의 내면에 깃든 세계를 보는 것은 자신을 감싼 사회의 이성 작용과 인간이 아직은 알 수 없는 우주 바깥의 신호까지도 잡아내는 일이 된다.

이렇게 한 인간이 자신의 영혼이 근거한 내면과 자신의 삶이 놓여있는 세계, 나아가 그 세계 바깥의 신만이 알 수 있는 영역까지도 감성의 안테나를 뻗어서 인지할 수 있는 것은 시만이 지닌 유일한 영역이자 장점이다. 시인은 시를 통해서 소우주와 대우주의 비밀을 해독하고 계시한다. 소우주와 대우주는 인간의 영혼 안에서 동일하며 그 동일성 위에 설 때 나를 중심으로 범아일여라는 뜻밖의 차원을 열 수 있다. 그런 점에서 시는 인간의 영혼이 우주와 소통하는 거의 유일한 형식이라고 보는 것이다.

2. 활은 몸이 우주와 소통하는 형식

올바른 활쏘기는 몸이 우주와 소통하는 형식이 된다.
인간이 우주와 소통하는 방식은 숨쉬기이다. 인간은 땅이 주는 곡식과 하늘이 주는 공기를 에너지로 삼아 목숨을 유지한다. 그런데 사람의 섭생에는 일정한 법칙이 있다. 그것은 자연이 주는 법칙이다. 그 법칙을 따르면 제 명을 누리지만, 그 법칙을 어기면 제 명을 누리지 못한다. 땅이 주는 법칙은 그 지역에 오랜 세월 전해오는 밥상 차림의 전통에 잘 살아있으니, 그리 걱정할 것 못 된다. 그 밥상의 질서를 지키면 되기 때문이다. 그것이 장수의 비결이다.
그러나 숨쉬기는 그렇지 않다. 옛날부터 숨쉬기를 공론화하여 가르친 곳은 없다. 그냥 주어진 대로 숨쉬다 갔을 뿐이다. 하지만 활에는 숨쉬기의 공식이 있다. 물론 그것은 우리 겨레의 오랜 경험이 축적된 결과이다. 따라서 그 공식에 충실해야만 그 공식이 주는 혜택을 누릴 수 있다. 그 공식이란 정통 사법을 말한다. 정통 사법에 따라 연마를 하면 각 단계마다 특이한 체험을 한다. 그것은 일상 생활에서는 좀처럼 일어나지 않는 현상들이다. 가장 중요한 것은 활을 당긴 채로 서있는 순간에는 모든 것을 잊고 우주와 하나가 된다는 사실이다. 나를 매개로 해서 내 안의 우주와 바깥의 우주가 하나가 된다.

일상생활에서 몸은 세계와 분리되어 존재한다. 그래서 '나'가 '세계'를 인지하고 세계를 상대로 어떤 행위를 도모한다. 그것을 생활이라고 하는 것이다. 그러나 세계와 나는 본디 그렇게 엄밀하게 분리할 수 있는 것이 아니다. 내가 한 행동이 세계를 이루는 한 요소가 되고, 그러한 요소들이 다시 작용하여 나의 존재를 규정한다. 이 순환론의 법칙에서 벗어나는 것은 거의 없다. 짧은 시각으로 볼 때 그런 단절이 일어나지 큰 안목으로 세계의 흐름과 우주의 이법을 관찰하면 이런 단절은 전체를 이루는 한 구성요소에 지나지 않는다. 사람은 누구나 절박한 눈앞의 욕망에 붙잡혀있기 때문에 이러한 사실을 거의 잊고 산다.

활을 쏘면 우주와 내가 일체라는 점을 몸으로 체험한다. 어느 순간 과녁이 사라지고 내가 사라진다. 그렇다면 그때 나는 어디에 있는가? 그것은 그냥 '우주'라고 밖에 달리 설명할 길이 없다. 우주와 내가 일체가 되어 분리되지 않는 순간이 활을 쏘면 종종 나타난다. 그때가 되면 몸은 아주 편해지고, 마음은 평화로워지며, 숨은 배꼽 아래까지 깊숙이 들어온다. 어머니의 품에 안겨있는 아기의 상태와 거의 흡사하다.

이것은 정신이 한 곳으로 골똘히 집중하여 몸 본래의 질서를 지배하는 기의 흐름이 우주를 향해 열렸기 때문이다. 그런 상태로 몸과 마음의 상태를 안내하는 형식이 활쏘기이고, 원리가 정통 사법이다. 따라서 올바른 사법을 배우는 것이 중요하며, 그 올바른 방법에 따라 자신의 마음을 비우면 몸은 우주를 향해 활짝 열린다. 그럴 때 활은 몸이 우주와 소통하는 형식인 것이다.

3. 활과 시의 만남

활과 시는 분명 다르다. 활은 몸의 문제이고, 시는 영혼의 문제이기 때문이다. 그러나 이것은 사람의 몸에서 일어나는 일이기 때문에 바탕은 같다. 몸을 떠난 마음은 존재할 수 없기에 몸은 어떤 식으로든 마음의 작용에 영향을 미친다. 몸이 망가진 사람은 정신도 함께 망가지면서 그런 상태의 시를 쏟아놓는다. 몸이 건강한 사람이 영혼만이 황폐하여 황폐한 내면을 드러내는 시를 쓸 수는 없을 것이다. 만약에 그렇다면 그것은 시늉일 뿐, 그것이 영혼을 울리는 깊은 시가 되지는 못한다.

세상을 이해하는 것은 지성의 작용이다. 지성은 세계와

소통하는 기본 조건이다. 그리고 그런 조건은 대개 약속의 형식으로 나타난다. 교통법규를 지켜야 하는 것은 신의 명령이 아니다. 사람들의 약속일 뿐이다. 그러나 그것을 지키지 않으면 많은 사람들이 해를 입는다. 그렇기 때문에 나한테 불편해도 지켜야 하는 것이다. 이런 부문을 강화하는 것이 이성의 작용이다. 그런데 이 이성의 작용은 문명이 발달할수록 강화된다. 더 정교해지고 더욱 강렬해지며 구속력이 점점 더 강화된다. 따라서 현대인은 지성의 기능이 가장 강화된 세계 속에서 산다. 그런데 이 지성의 작용은 머리에서 이루어진다. 판단은 머리로 하는 것이다.

그러나 이성은 머리의 몫이지만, 그것을 사람들과 함께 나누는 작용은 대개 감정의 공유로 이루어진다. 공유된 감정이 상호작용할 때 사람들의 만남이 열린다. 이 부분을 맡는 곳은 가슴이다. 가슴이 따뜻한 사람이라는 것은 남을 배려할 줄 아는 것을 말한다. 이 배려의 부분은 머리에서 시작되지만 그것을 사람과 나누는 것은 그 머리만으로는 안 되고 반드시 감정이 살아있는 마음으로 내려와서 그곳에서 시작된다. 시가 이루어지는 영역이 바로 이곳이다. 시는 머리로 판단하는 이성의 영역과 가슴으로 감싸 안는 감성의 영역이 합쳐진 부분이다. 굳이 강조하자면 머리보다는 가슴 쪽이다. 심금을 울리는 시가 있다면 틀림없이 그것은 이성의 판단을 건드리는 것이 아니라 감성의 공간을 건드려 울림을 만드는 것이다. 따라서 이성은 머리의 영역이지만, 감성을 다루는 시는 가슴의 영역이다.

 우리가 아는 문학의 영역에서는 바로 이 두 부분만을 다룬다. 지성을 맡는 머리와 감성을 맡는 가슴의 상호작용이 문학의 중요한 주제이다. 그리고 이 둘은 어느 한쪽의 주종관계를 이루는 것이 아니라 거의 동등한 상호작용을 이룬다. 세상을 보는 이성의 작용이 강하게 발달하면 감성이 거기에 따라가고 이성이 폭력을 행사하면 감성은 거기에 반발한다. 이성이 현실에서 좌절을 겪으면 감성의 영역 또한 황폐해져 우울하고 파괴본능에 시달리는 작품을 낳는다. 게다가 현실은 자본의 완고하고 숨막히는 지배 하에 놓여있다. 이런 상황에서 인간의 자유로운 정신은 피폐해지며 쉽게 파괴당한다. 그러면 파괴당한 정신의 지배 하에 놓인 감정의 세계는 우울하고 자학에 가까울 수밖에 없다. 고독과 분노, 절망에 시달리는 시를 낳는다.

 그런데 인간에게는 머리와 가슴만 존재하는 것이 아니다. 지성과 감성만이 존재하는 것이 아니다. 이들을 밑바탕에서 떠받쳐주는 것이 있다. 그것은 무엇인가? 생명력이다. 삶에 대한 의지이다. 태어난 존재가 갖는 본래의 생명력을 말하는 것이다. 이 삶의 본원은 인간의 이성이 판단하는 영역 밖에 있다. 그것은 이성과 감성이 절망 속에서 현실을 포기하든 말든 인간은 숨을 쉬고 우주가 자신에게 부여해준 생명을 유지하려고 한다. 이것은 우주의 명령이다. 그것은 거의 무의식의 상태에서 이루어지기에 문학에서는 점점 잊혀지고 있는 부문이기도 하다.

 그렇다면 그런 작용이 이루어지는 곳은 어디인가? 불거

름이다. 불거름은 한자말로 단전이라고 하는 부분이다. 배꼽 밑 두 치 되는 부분이라고 말하는데, 그렇게 정확하지는 않고 대체로 남녀의 생식기능이 이루어지는 아랫배를 뭉뚱그려 말한다고 보는 것이 옳을 것이다. 물론 실제의 장기는 아니다.

이곳은 숨쉬기를 통하지 않으면 도달할 수 없는 곳이다. 오로지 태어날 무렵의 깊은 숨쉬기를 통해서만 도달할 수 있는 부분이다. 그러나 사람은 태어나면서 숨의 밑바닥이 점점 위로 올라온다. 단전 밑에서 시작되어 배, 가슴을 거쳐 목으로 올라간다. 숨이 목에 걸려 간당간당 하다가 그것마저 놓치면 '숨이 끊어진다'. 죽은 것을 '숨넘어갔다'고 하는 것은 바로 이것을 말하는 것이다.

따라서 생명력의 활기 여부는 바로 숨쉬기에 달려 있고, 건강은 숨의 깊이에 딸려 있다. 그런데 이 생명력의 활기는 바로 위에 있는 가슴과 머리의 활력과 깊은 관계를 맺고 있다. 따라서 이 생명력이 활기를 띠고 있으면 감성은 풍부해지며 이성은 더욱 활발히 작용하여 세계를 다스리는 주체로 자신을 세운다. 그런 사람한테서 나오는 시의 정신은 건강할 수밖에 없다. 그것은 활력이 넘치고 생명력이 왕성하기 때문이다. 왕성한 생명력을 가진 사람한테서 우울한 절망의 시가 나올 까닭이 없다. 오직 건강한 정신과 생명력만이 현실을 뚫고 우주의 본질까지 가 닿을 수 있다. 바로 이 점을 우리 문학론은 놓치고 있다.

그런데 이 생명력의 원천인 불거름까지 호흡을 되돌리는 유일한 방법이 바로 우리의 전통 문화에서는 활쏘기인 것이다. 물론 태껸, 풍물, 춤 같은 곳에서도 이와 비슷한 원리는 많이 발견된다. 그러나 가장 간단하면서도 가장 빨리 도달할 수 있는 방법을 활쏘기는 갖추었다. 정통사법을 올바로 배우면 사람에 따라 다르기는 하지만 1년 안에 그런 단계에 도달하기도 한다.

  배꼽 밑에 생명의 기운이 충실한 사람이 쓰는 시와 그렇지 못한 사람이 쓰는 시는 같을 수가 없다. 그런데 이런 생명력에 대한 인식과 수련은 인류의 가장 오랜 과제이면서 중요한 일이었다. 그리고 그것은 도덕관념을 세우는 지배자들의 사상에서도 실현된다. 조선의 선비들이 성리학을 통하여 통치이념을 구축했지만, 그들 개인에게는 명상이라는 수련법이 주어졌다. 깊이 파고 들어가면 송대 성리학의 원리는 선불교의 원리와 흡사하지만, 자신들 나름대로 올바른 사상을 만들어 가는 과정에서 필요한 심성수련의 방법을 터득한 것이다. 그리고 그것은 정신의 단련만이 아니라 우주가 소우주인 인간에게 준 생명의 본질을 잘 보존하는 양생술까지도 포함된다. 이황이 평상시 건강 관리 차원에서 도인체조인 활인심방을 수련했음은 이런 사실의 한 측면이다.

  따라서 선비들의 시는 이러한 수련법이 일반화되었던 세계에서 나온 것들이다. 그런 시들의 밑바탕에는 감성과 이성 이외의 또 다른 요건인 생명력의 작용이 깔려있다는 사실을 놓치면 안 된다. 그리고 이런 생명력은 그들 세계의 밑바탕에서 거대한 잠력으로 작용하여 알게 모르게 문학에 영향을 끼친다.

서구 이론으로 무장한 현대인들은 이런 개념에 아주 낯설지만, 이런 것들이 동양의 이론으로는 하나도 낯설 것이 없는 것들이었다. 인체의 작용을 설명하는 양생술 이론 가운데 단전호흡론이 그것이다. 이 이론에 따르면 인간에게는 단전이라는 것이 있는데, 이곳이 생명을 주관하는 생명력이 깃들어있는 곳이고, 우주와 인간이 기로 유통하는 부분이다. 호흡을 통하여 교류한다. 머리에서 단전으로 기혈이 유통하면서 생명을 관장한다고 보는 것이다.

이 단전은 작용에 따라 다시 셋으로 나눈다. 상단전, 중단전, 하단전이 그것이다. 지성이 작용하는 머리는 상단전이고, 감정이 작용하는 마음은 중단전이며, 생명이 뿌리박은 아랫배는 하단전이다. 이 세 단전이 원활하게 교류하면서 인간은 건전한 삶을 유지하게 된다. 그리고 충실한 생명이 밀어올린 감성과 지성의 형식을 시로 요구하게 된다.

그렇다면 이러한 전통이 살아있는 사회의 시와 그렇지 못한 상태의 시가 어떻게 다를 것인가? 그것이 아주 잘 드러나는 지점을 나는 해방을 전후한 시기의 우리 문학이라고 본다. 다른 자리에서 해방 전후의 시기를 전후하여 작품의 질이 달라졌다는 얘기를 한 적이 있다. 분명히 해방 전의 작품들이 이룬 세계는 그 이후의 작품들이 따를 수 없는 높은 경지에 올랐다. 운율은 김소월한테서 거의 완성됐고, 절제된 이미지 묘사는 정지용이 완성하다시피 했으며, 형식 실험은 이상에서 거의 다 실험되었고, 사랑의 깊은 원리는 한용운의 시에서 농익었으며, 정신의 고결한 세계는 이육사의 시에서 무지개처럼 빛났다.

이들이 전례가 없는 가운데서 피워 올린 절정의 꽃 밑에는 그들도 알 수 없는, 그들의 선배들이 물려준 보이지 않는 유산이 작용한 까닭이다. 이것은 그의 후배들이 그들을 뛰어넘지 못하는 현실에서 반증된다. 단순히 시간의 흐름과 형식 바꾸기의 문제가 아니라 한 시대에서 전혀 다른 시대로 넘어가는 과정에서 생긴 정신의 단절 문제인 것이다. 이런 것들은 단순히 이성의 기능만 작용해서는 어려운 일이며 한 세계관의 거대한 교체시기에 나타나는 현상이라고 본다.

더욱이 1980년대에 거칠게 치밀었던 노동문학 이후에 그 반동으로 전개된 고독 울궈먹기, 허무 새 포장하기, 환멸 부풀리기, 도사 흉내내기의 잔망스런 시들을 보면 사라진 세계관을 대체할 만한 어떤 새로운 정신을 찾지 못한 채 황무지에 내던져진 시인들이 개인의 상상력으로 이를 수 있는 높이가 얼마나 맹랑한 수준인가 하는 것을 극명하게 보여준다. 이제 시는 우주의 비밀을 찾아서 세계를 새로운 단계로 끌어올린 작용을 멈추고 슬픔이나 고독의 거품을 한껏 부풀려 사람들을 절망의 밑바닥에서 허우적거리게 하는 노릇을 자처하고 있어 우주가 인간에게 부여한 생명의 본질에 역행하는 것을 가장 시다운 것으로 착각하는 시대가 활짝 열렸다.

그러나 시는 인간의 영혼이 자신의 내면에 도사린 절망을 과대 포장하는 도구가 아니라 우주와 소통하여 새로운 세계의 정신을 여는 형식이다. 그런데 그런 소통이 이루어지려면 정신은 물론 육체 또한 건강해지지 않으면 안 된다. 몸과 마음은 본래 한 덩어리이고, 그 둘은 서로 상호작용을 하면서 상승과 하강을 반복하기 때문이다. 따라서 영혼이 우주로 통하는 길은 시에 있으며 몸이 우주로 통하는 길은 활에 있어 이 둘이 만날 때 가장 아름다운 시가 태어날 수 있다는 믿음을 갖게 된다.

물론 활은 그냥 활만을 말하는 것은 아니다. 내가 말하고자 하는 것은 활이 아니라 활이 드러내는, 잃어버린, 그리고 계속 잃어버리고 있는, 어떤 세계관을 말하는 것이다. 그 세계관의 비밀은 불거름에 있고, 그것은 오로지 숨쉬기를 통해서만 열리며, 그것이 열릴 때 그곳에서 차 오르는 건강한 생명력을 바탕으로 시 또한 한 단계 새로운 도약을 할 수 있음을 말하고자 하는 것이다. 시의 새로운 길을 여는 일은 그곳과 무관하지 않다.

4. 활터에 남은 정신의 흔적

한국의 활쏘기는 세계에서 유례가 없을 만큼 심오한 경지까지 올라갔다. 단순한 동작을 우주의 기운을 받아들이는 양생의 단계까지 끌어올린 것이다. 이것은 활이 방어수성 중심이던 우리 민족사의 전쟁무기로 가장 각광을 받은 탓으로 다른 어떤 무기보다도 쉽고 광범위하게 대중화된 이유도 있지만, 활은 공자의 규정 이래 가장 선비다운 운동으로 간주되어 조선시대 내내 선비들의 교양으로 정착했기 때문이다. 그래서 단순히 무기로 사용하는 데 그치지 않고 자신의 심성 수련은 물론 양생의 비결로 활용하는 놀라운 단계까지 진입한 것이다. 전 세계 어느 곳에도 활쏘기를 이런 단계까지 끌어올린 민족은 없다.

일본인들은 자신들의 활을 궁도로 규정하여 선으로 입문하는 한 방편으로 정착시켰지만, 과연 그런 세계관과 그런 장비 가지고 원하는 깨달음의 단계까지 올라갈 수 있을지는 미지수다. 도구를 통해 선의 깨달음을 얻는다는 것은 어느 모로 보아도 의아한 일이다. 게다가 선은 돈오의 문제일 뿐이다. 그리고 돈오의 집념은 욕심이다. 그래서 거기에 과도하게 집착하면 몸이 먼저 망가진다. 그러한 집착마저 끊을 때 무문이 열린다. 화두가 무(無)자 범벅인 것은 이유가 다 있다. 활과 선은 생리가 다른 것이다. 활은 마음에서 몸의 방향이 아니라, 몸에서 마음의 방향이라는 말이다.

마음이라고 말했지만, 더 정확히 말해 활이 도달하고자 하는 곳은 양생이다. 양생은 선과 비슷한 면이 있지만, 그와는 또 다른 문제이다. 양생이야말로 인간이 자신의 몸과 우주의 리듬을 일치시켜서 천지인 삼재의 조화를 이루고 마침내 범아일여의 꿈을 이루는 확실한 방법이다. 그 길로 가는 가장 빠른 방법이 호흡이고, 활이라는 장비를 통하여 누구나 그런 경지로 쉽게 갈 수 있도록 문을 열어놓은 것이 우리의 활쏘기이다.

따라서 올바른 사법을 배우면 누구나 쉽게 그리로 갈

수 있다. 그리고 그런 길을 열어놓은 사람들이 조선이라는 정신 세계를 만들고 이끌었다. 그래서 그들이 몸을 통해 수련하던 활터에는 그들 정신의 자취가 역력히 남아있다. 활터에 전하는 경구와 예절 같은 것이 그것이다. 이런 것을 찬찬히 들여다보면 활터를 스쳐간 거대한 정신의 면면이 드러난다. 이제부터는 거대한 정신이 잠시 머물렀다 간 곳에 흩어져있는 깃털 몇 가지를 살펴보겠다.

1) 선례후궁(先禮後弓)

활터에 가면 흔히 볼 수 있는 말이다. 돌에다가 새겨놓기도 하였고 액자로 걸어놓기도 하였다. 활을 쏘는 일보다는 활터에 올라와서 지켜야 하는 예절을 앞세운다는 뜻이다. 여기서 예란 선비들의 예이다. 선비들의 예는 진퇴주선하는 방식이 따로 있다.

그러나 그런 예절보다도 더 중요한 것은 사람을 귀하게 여기는 마음이다. 그런 마음들이 겉으로 드러날 때 예절이 되기 때문이다. 예절이란 마음이 드러나는 형식이다. 쏘아서 맞추는 것이 목적인 활을 쏘는 곳에서 그 목적을 첫 번째의 위치에 놓지 않았다는 것은, 그들의 어떤 생각으로 활을 쏘았는가 하는 것을 능히 짐작할 수 있는 일이다. 선비들이 장수들보다 활을 더 잘 쏘았다는 기록은 왕조실록이나 승정원일기는 물론 야사 곳곳에서 찾아볼 수 있는 일들이다. 테크닉만으로는 안 되는 곳에 그들은 있다.

2)정심정기(正心正己)

 몸과 마음을 바르게 한다는 뜻이다. 바르다는 것은 그르다는 것을 전제로 하고, 바르다는 것은 지켜야 할 어떤 믿음이 있다는 뜻이다. 이때의 마음과 몸은 지켜야 할 것과 지키지 않아도 되는 것을 구별하는 실천의 현장이 된다. 몸과 마음 어디에서도 흐트러짐이 없는 것, 그것을 활은 보여준다. 정신이든 몸이든 한 올이라도 원칙에서 어긋나서 흐트러지면 살은 맞지 않기 때문이다. 살이 맞지 않는 것은 활이나 살 탓이 아니다. 자신의 몸과 마음이 흐트러졌기 때문이다. 이 자명한 사실 앞에 군말이 있을 수 없다. 따라서 이 말은 사법의 한 가지이면서 도덕의 한 가지이기도 하다. 관념과 행동이 분리되지 않는 곳에 그들은 있다.

3)발이부중 반구저기(發而不中反求諸己)

 예기에 나오는 말이다. 쏘아서 맞지 않으면 자신을 돌아본다는 뜻이다. 세상을 살면서 되는 일보다는 안 되는 일이 더 많은 것이 사람의 삶이다. 그런데 이때 자신을 탓하기보다는 남 탓을 하는 것이 세상의 통념이기도 하다. 그러나 잘 생각해보면 자신이 최선을 다했을 때 안 이루어지는 일은 없는 법이다. 있다면 그것은 자신의 욕심을 채우려고 일을 도모했기 때문이다. 만약에 그렇지 않은데도 이루어지지 않은 일이 있다면 그것은 하늘의 뜻이다. 하늘의 뜻을 받아들이지 않을 때 몸과 마음이 망가진다. 이 금언은 원인을 자신한테서 찾는다는 미덕을 보여준다.

활을 쏘는데 남 탓할 것 없는 것이다. 활 탓을 하거나 화살 탓을 해봐야 그건 핑계에 지나지 않는다. 자신을 돌아보는 자세를 활은 몸으로 가르쳐준다.

4) 일시여금(一矢如金)

한 발 한 발을 모두 황금 같이 여기라는 말이다. 활터에서는 다섯 발을 한 세트로 여기는데 그것을 순이라고 한다. 다섯 발을 다 맞추면 몰기라고 해서 아주 좋아한다. 이 몰기는 첫 발부터 모두 맞추는 것이어서 자칫하면 몰기를 완성하는 마지막을 가장 중요하게 생각하는 수가 있다. 마지막 발을 못 맞추어서 몰기를 못하는 수가 많기 때문이다.

그러나 이것은 인간의 욕망일 뿐이다. 몰기라는 인간의 욕망. 화살은 하나 하나 혼자 존재할 뿐이다. 매 발을 소중히 여겨서 쏘다 보면 몰기는 저절로 생기는 것이다. 마음이 몰기에 가 있으면 그것은 욕심이어서 이루기도 어려울 뿐더러 이룬다고 해도 욕심의 장난일 뿐이다. 한 발 한 발이 우주와 일체를 이루는 안내자가 되어야 한다.

5) 장기어신 대시이동(藏器於身待時而動)

이것은 주역의 한 구절이다. 활터의 어른들이 활을 논할 때 즐겨 쓴 말이다. 몸으로 갖추고 있다가 때가 오면 움직여준다는 뜻이다. 정말 무서운 말이다. 몸 속에 늘 준비가 되어있지 않으면 때가 와도 아무 것도 할 수 없다. 평상시 수련을 열심히 해서 완전히 버릇이 몸에 배어있어야만

때가 올 때 과녁을 맞출 수 있다는 뜻이다. 활만이 그러하겠는가? 세상 모든 일이 그러하다. 언제일지 모르지만, 언젠가는 다가올 그 순간을 위하여 단 하루도 한 순간도 그칠 수 없는 훈련, 그것이 활이다. 그리고 선비의 삶이다.

6) 습사무언(習射無言)

호흡은 몸의 기운이 우주로 통하는 유일한 방법이다. 말은 바로 이 호흡을 이용한다. 그렇기 때문에 활을 쏠 때 말을 하면 이 기운이 흐트러진다. 따라서 활을 쏘나마나 한 일이 된다. 그래서 말을 하면 안 된다는 뜻이다. 말은 재앙의 출구이다. 어찌 활만이 그렇겠는가? 말을 그치고 자신이 할 일을 꾸준히 반복하여 훈련하는 것이야말로 삶을 완성하는 길이다. 어려운 침묵 수행의 길을 활은 가르친다.

7) 인애덕행(仁愛德行)

이것은 인류가 추구해야 할 꿈이기 때문에 굳이 활터만의 사항은 아니다. 그러나 활터에는 이 말이 분명하게 전해온다. 널리 사랑하고, 사랑하는 마음으로 실천하라. 욕심을 버리면 그리 어려운 일이 아니다. 정말 어려운 것은 마음을 비우는 일이다.

5. 시와 전통

모더니즘은 전통의 파괴를 전제로 한다. 그렇다면 정말 신나는 모더니즘은 자신이 파괴할 전통이 있어야 비로소 가능한 명제일 것이다. 그렇다면 우리에게 모더니즘이라는 이름으로 파괴할 어떤 것이 있는 것일까? 무엇을 파괴한다는 말인가? 이에 대한 답을 하지 못한다면 그 모더니즘은 속 빈 강정이 될 것이다.

그런데 우리 문학사에서 모더니즘은 언제나 평가의 잣대가 되었다. 근대 이전의 시에서 근대의 시를 구별하는 요인도 모더니즘이었고, 그 후에는 '낯설게 하기'라는 수법을 극단화하는 방법으로 모더니즘의 줄기를 이어갔다. 리얼리즘과 모더니즘은 한국의 현대시를 평가하고 결정하는 중요한 기준이 되었다. 이런 상황에서 1980년대의 리얼리즘 문학이 나타나기 전까지는 모더니즘의 명분이 있었다. 그것은 그 이전의 세계관으로부터 벗어나는 것이다. 그리고 그런 후광이 힘입어서 모더니즘의 운동은 가능했고, 그 정점은 김수영에 와서 이루어진다. 그리고 그 후의 모더니즘은 독재정권에 도전장을 던진 리얼리즘의 후광에 기대어 그 대척점에서 겨우 명맥을 유지한 셈이다. 그렇다면 지금의 모더니즘은 어떤가? 무엇을 파괴해야 할 것인가? 파괴해야 할 그 무엇이 있는가?

엄밀히 말해 모더니즘은 전통의 파괴이기도 하지만, 더 정확히 말하면 새로운 정신의 건설을 뜻하기도 한다. 여러 가지로 말을 할 수 있겠지만, 모더니즘이 추구하는 것은 민주주의의 이념에 맞는 자유의 개념일 것이다. 자유로운 인간의 정신을 찾아가는 행로가 모더니즘의 방향일 것이다. 인류의 문명은 어차피 그 방향일 수밖에 없기 때문이다. 그런 움직임을 향해 감성이 안테나를 펴지 않으면 그것은 진정한 모더니즘의 실천이라고 할 수 없다.

그렇다면 봉건의 굴레를 씌운 어떤 사상을 파괴하는 데서부터 시작한 한국의 모더니즘은 과연 지금 어디에 와있는가 하는 물음에 답을 하는 것이 21세기로 접어드는 지금 시점에서 한 번쯤 해야 할 일이 될 것이다. 리얼리즘의 시인들이 썰물처럼 빠져나간 자리에 홀로 빛나는 2000년대의 모더니즘은 과연 무엇을 더 파괴하고 세울 것인가? 파괴할 그 무엇이 한국의 시에 남아있는가? 그것이 남아있지 않다면 한국의 모더니즘은 방금 전의 자신을 파괴해야 하는 것인가? 이 질문에 답을 하지 못한다면 한국의 시에는 김수영의 말마따나 코스츔만 남을 것이다. 이것이 활터에서 시를 향해 던지는 질문이다.

6. 부록 : 전통을 잘 간직한 활터

우리 사회의 여러 분야가 근대화를 거치면서 새로운 제도로 환골탈태하여 본래의 제 모습을 거의 다 잃어버린 것과 달리, 활터는 200년 전의 모습이 그대로 살아있다. 그래서 처음 활터에 가면 낯선 명칭과 풍경을 아주 많이 마주친다. 이것은 지금 보기에는 낯설지만, 200년 전에는 지극히 자연스러운 것이었다. 자연스러운 것이 불과 200년만에 낯선 풍경이 되었으니, 그 동안 우리 사회가 무엇을 향해 달려왔는가 하는 것을, 이 낯선 풍경에서 다시 확인하게 된다. 몇 가지만 간단하게 알아본다.

1)사두, 접장

활터의 대표를 사두(射頭)라고 한다. 모임의 대표에 머리 두 자를 붙이는 것은 해방 직후만 해도 흔한 일이었다. 회장을 회두라고 한 기록도 많이 발견되기 때문이다. 이 두는 어른을 뜻하는 장(長)과 같은 말이다. 그래서 사장(射長)이라고 하는 곳도 있다. 이외에도 드물게 사수(射首), 사백(射伯)이라고 하는 곳도 있다. 이 두 자는 가르치는 사람에게도 붙어서 활 선생에 해당하는 사람을 교장(敎長)이라고 하는데, 이를 교두(敎頭)라고 하는 곳도 있다.

접장(接長)은 존칭이다. 접은 '마늘 한 접'의 용례에서 보듯이 꾸러미를 뜻하는 말이다. 그러니까 한 단체를 이끌 만한 능력이 있는 사람이라는 말이다. 회사의 운영자인 사장이 특별한 직업이 없는 사람에 대한 존칭으로 굳어진 것과 같다.

여무사라는 말이 있다. 여자 궁사를 가리키는 말이다. 무사는 검객을 말하지만, 우리나라에서는 활이 무기를 대표했기 때문에 무사가 활 쏘는 사람을 가리키는 말로 굳었고, 여무사라는 호칭이 아직도 활터에서 쓰인다. 옛날에는 양반에 준하는 계층의 여인들이 활을 쏘았다. 양반

댁 부인이나 기생이 그들이다.

2)활터의 예절

활터에서는 꼭 지켜야 할 예절이 세 가지가 있다. 등정례, 팔찌동, 초시례이다. 이것이 다른 곳과 활터를 구별짓는 가장 중요한 예절이다. 모두 활과 관련된 예절이다.

등정례는 활터에 올라오면서 이미 올라와 있는 사람들에게 하는 인사이다. '왔습니다!' 라고 하면 '오시오' 라고 받는다.

팔찌동은 설자리에 서는 순서를 말한다. 이름이 팔찌동이 된 것은, 팔찌를 차는 방향이 어른이 서는 곳이라는 뜻이다. 어른이 아랫사람에게 등을 보이지 않도록 배치된다.

초시례는 활터에 올라와서 맨 첫발을 낼 때 '활 배웁니다' 라고 하는 것을 말한다. 그러면 곁에 서있던 사람들은 '많이 맞추세요' 하고 응수한다.

3)활터의 풍속: 몰기, 납궁례, 연전띠내기

활을 배우다 보면 과녁을 맞추는 일이 생긴다. 태어나서 처음 맞추는 첫발과 세 발, 다섯 발은 특별히 소중하게 여긴다. 그래서 집궁 후 첫발을 맞추면 1중례라고 하여 간단히 음식을 내어 가르쳐준 사람들에게 대접을 한다. 3중례도 마찬가지이다. 그리고 다섯 발을 다 맞추면 몰기라고 하여 영광스럽게 여기고 비로소 정식 접장 칭호를 준다. 간단한 음식을 내어 보답한다. 단계별로 이런 절차를

마련하여 활터 사람들과 어울리는 방법을 운영해왔다. 통과의례로는 이보다 더 모범을 보이는 예가 없다.

납궁례라는 것이 있다. 이것은 평생 활을 쏘다가 늙어서 더 이상 활을 쏠 수 없는 상황이 오면 자신의 활을 활터에 반납하고서 국궁계를 떠나는 것이다. 일종의 은퇴식이라고 할 수 있다. 이렇게 무술계에서 은퇴식까지 하는 경우는 전세계를 통틀어 우리나라의 활터에만 존재한다. 무협지에서는 금분세수라고 해서 이와 비슷한 의식이 있다. 그러나 현실 속에 존재하는 것은 우리나라의 활터가 유일하다.

활을 쏘고 나면 화살을 주워와야 한다. 그런데 살을 주우러 가는 것은 귀찮다. 그래서 재미 삼아 내기를 하여 결정한다. 이렇게 하는 것을 연전띠내기, 혹은 살치기라고 한다. 편을 짜서 시합을 한 다음에 그 결과에 따라 살을 주우러 가는 것이다. 같은 살치기라고 하더라도 활터마다 방법이 모두 다르다.

이밖에도 활터에는 이미 우리 사회에서 사라져 찾아볼 수 없는 풍속이 많이 전한다. 활터에 전하는 풍속을 보면 가히 전통의 보물창고라고 할 만하다.

4)전통사법의 요체

전통사법은 활을 가장 잘 쏘기 위한 비법을 말한다. 이를 자세히 설명하자면 한정 없지만, 그 중에서 가장 중요한 뼈대를 추린다면 세 가지로 요약할 수 있다. '발은 비정비팔, 몸은 흉허복실, 마음은 망형반중'이다.

① 발은 비정비팔(非丁非八)

양 발끝으로 과녁의 양 귀를 밟는다는 기분으로 서는 자세를 말한다. 이 발모양에서 양궁이나 기타 다른 민족과 우리 민족의 활쏘기가 분명한 차이를 드러낸다. 과녁을 옆으로 돌아서서 보는 다른 민족의 활과 달리 우리 활은 과녁과 거의 정면으로 마주본다. 이렇게 되면 시위를 당길 때 상반신이 저절로 돌아간다. 허리를 돌리지 않으면 쏠 수 없는 것이 우리 활이라는 뜻이다. 발 자세를 이렇게 잡는 까닭에 우리 활은 세계에서 허리의 힘을 가장 많이 이용한다. 몸을 비틀면서 내는 힘이 활에 실린다. 이렇게 몸을 비틀어서 힘을 내는 원리를 무술에서는 전사경이라고 한다. 제한된 조건에서 운동량을 극대화시키는 가장 좋은 방법이다.

② 몸은 흉허복실(胸虛腹實)

가슴을 비우고 불거름을 든든히 한다는 말이다. 모든 무술과 도의 세계에서 가장 완벽하게 이루어진 인간의 몸 상태를 가리키는 말이다. 호흡이 깊어지고 마음이 고요히 안정된다. 이 방법을 활에서는 이렇게 가르친다. 활을 들어올려 엄지발가락으로 땅을 지그시 누른 다음 숨을 들이쉬는 것과 똑같은 속도로 시위를 당기는데, 다 당겼을 때 숨구멍을 열어놓은 채로 분문(똥구멍)을 꽉 조인다. 그러면 가슴은 저절로 비고 아랫배는 충실해진다.

이 원리는 명상이나 내공 수련을 하는 모든 자세의 공

통점이다. 활이라는 장비를 이용하여 이 상태를 가장 빠르고 확실하게 만드는 것이 한민족의 정통 사법이다. 흉허복실이 이루어진 상태에서 깍짓손을 떼면 화살은 날아가고 그 반동으로 뒷손은 저절로 펴진다. 그 자세는 마치 먼 길을 날아온 학이 막 둥지에 내려앉을 때의 그 모습이다.

③ 마음은 망형반중(忘形返中)

망형은 형태를 잊는다는 뜻이고, 반중은 중심으로 돌아간다는 뜻이다. 활은 마음가짐이 가장 중요하다. 조금이라도 과녁을 맞추려는 욕심을 부리면 마음이 흔들린다. 흔들린 상태에서는 잘 맞지 않는다. 묘하게도 마음의 상태가 화살에 반영된다. 욕심을 부릴수록 몸이 말을 안 듣는다. 이럴 때는 맞추고자 하는 욕심을 버려서 마음을 비우고 조용히 자신의 내면을 바라보는 것이 해결책이다.

활을 다 당겨서 조준을 마쳤으면 이제 자신이 어떤 자세를 하고 있는지 모두 잊는다. 이것이 망형이다. 그리고 머리끝에서 발끝으로 이어지는 몸의 중심선으로 마음을 이동시킨다. 이것이 반중이다. 활은 중심의 운동이기 때문에 활을 다 당긴 상태의 몸에는 힘의 중심이 잡힌다. 물론 이 중심선은 몸통의 한 가운데를 따라서 세로로 형성된다. 이 기운을 일단 양팔이 만나는 가슴으로 옮긴 다음, 숙달이 되는 대로 점점 더 밑으로 내린다. 마음이 불거름까지 내려가면 참선의 상태와 똑같이 된다. 이때 느껴지는 기운은 둥글다. 크기는 한정 없이 클 때도 있고 작을 때도 있지만, 대체로 둥그스름하게 느껴진다. 이런 것은 고도로 숙달된 사람만이 할 수 있는 일이므로 초심자들이 함부로 따라하면 큰일난다. 열심히 습사를 하다 보면 어느 날 저절로 이루어진다. 그때가 되어야만 마음을 논할 수 있다. 섣불리 흉내낼 일이 아니다.

  몸은 형상기억합금처럼 자신의 버릇을 기억한다. 평상시에 훈련을 많이 반복해서 몸이 그 훈련에 적응을 한 단계에 이르면, 이제부터는 과녁을 겨눈 상태에서 일부러 쏘려고 할 것이 아니라 자신의 몸이 알아서 하도록 내버려둔다. 그러면 평상시에 훈련된 버릇 그대로 몸이 스스로 알아서 활을 쏜다. 그때 마음이 해야 할 일은, 컨디션이 좋아서 쏘는 대로 맞을 때의 그 쏘임과 느낌을 생각해주는 것이다. 마음이 그렇게 하면 몸이 저절로 그때의 상태를 따라간다. 화살은 확인하지 않아도 가서 맞는다.

  이와 같이 마음을 비워서 몸의 중심선으로 옮겨놓고 몸이 알아서 쏘도록 하는 것을 반중(返中)이라고 하는 것이다. 자신이 취한 모든 동작을 잊고 몸의 중심으로 물러나 평상시 훈련된 몸이 하는 대로 놔두는 것이 망형반중의 뜻이다. 이렇게 되면 화살은 마치 탄두에 목표탐지기를 장착한 유도미사일처럼 과녁의 중심으로만 날아간다. 오색바람이 불어도 촉은 알관을 벗어나지 않는다. 이것이 백발백중의 경지이다.

정진명 약력

- 1960년 충남 아산 출생.
- 충북민예총, 충북작가회의 회원.

- 1987년 『문학과비평』 겨울호에 시 「아메리카」 외 9편 발표.
- 1989년 시집 『머나먼 DMZ』(문학과비평사).
- 1989년 충북대학교 졸업.
- 1993년 시집 『유목민의 하루』(전망), 『주말의 사랑』(여민사).
- 1996년 『우리 활 이야기』(학민사).
- 1997년 『충북국궁사』 편저(충북궁도협회).
- 1999년 공저 『평양감영의 활쏘기 비법』(푸른나라).
- 1999년 『한국의 활쏘기』(학민사).
- 2000년 10월 7일 홍명희 문학제에서 「홍명희 소설 임꺽정 속의 활」로 주제발표.
- 2000년 『이야기 활 풍속사』(학민사).
- 2001년부터 온깍지궁사회 홈페이지 운영.(http://www.onkagzy.com)
- 2001년부터 『국궁논문집』(온깍지궁사회) 책임편집.
- 2002년 격월간 무술잡지 『마르스』 11/12월 호부터 7회에 걸쳐 「전통무예, 활쏘기」 연재.
- 2003년 청주대학교 교육대학원 졸업(논문: '국궁의 전통사법에 대한 고찰')
- 2004년 시집 『단양도설』(시선사).
- 2004년 사화집 『새로운 감성과 지성 1』(고두미) 책임편집.
- 2005년 시집 『정신의 뼈』(시선사).
- 2005년 인터넷 사이트 '빈터'에 「한국 현대시의 지형도, 시집 1000권 읽기」 연재.

E-mail : onkagzy@hanmail.net
goaud@chollian.net

활에게 길을 묻다

2005년 9월 30일 1판 1쇄 발행
2013년 4월 30일 1판 2쇄 발행

지은이 | 정진명
펴낸이 | 유정환
펴낸곳 | 도서출판 고두미
　　　　등록 2001년 5월 22일 (제437-43700002510020010000011호)
　　　　충북 청주시 상당구 쇠내로 145번길 15, A동 302호
　　　　Tel.043 • 257 • 2224 / Fax.070 • 7016 • 0823
　　　　E-mail : godumi@naver.com

ⓒ정진명, 2005. printed in Cheongju, Korea
ISBN 89-91406-17-3　03810

※ 지은이와의 협약에 따라 인지를 붙이지 않았습니다.
※ 이 시집 내용의 일부 또는 전부를 재사용하려면 저자와 출판사의 동의를 얻어야
　 합니다.

값 7,000원